Das große Buch der
BURGEN

PHILIP STEELE

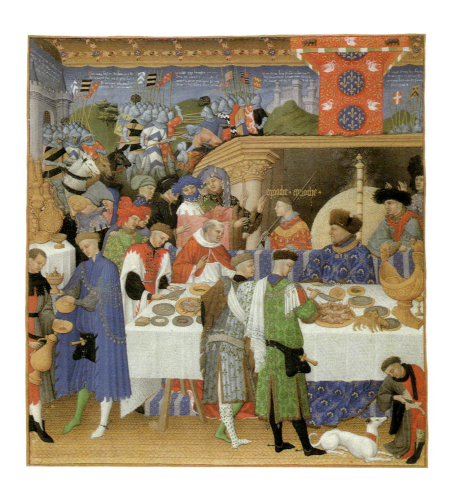

Tessloff

Aus dem Englischen von Sabine Göhrmann

ISBN 3-7886-0517-0

**Titelseite: Ein großes Festmahl im frühen 15. Jahrhundert,
dargestellt im Stundenbuch des Herzogs von Berry.**

INHALT

DIE ZEIT DER BURGEN

Das große Zeitalter der Burgen begann vor etwa 1000 Jahren und dauerte fast 500 Jahre. In diesen Jahrhunderten entstanden in ganz Europa und im Nahen Osten über 15 000 Burgen. Sie erhoben sich über den Tälern des Rheins in Deutschland und der Seine in Frankreich. Sie bewachten einsame Gebirgspässe in Schottland und Wales, und sie wurden bekämpft und belagert in der glühenden Hitze Spaniens, Siziliens und Syriens.

Kreuzfahrerburg

Krak des Chevaliers war ursprünglich eine arabische Festung. Während der Kreuzzüge wurde die Burg von christlichen Rittern erobert und neu erbaut. Die Kreuzzüge waren Eroberungskriege, die die Christen im 11. und 12. Jahrhundert gegen die muslimischen Sarazenen führten.

▼ Krak war ein militärischer Stützpunkt, der über 2000 Menschen Platz bot. Seine mächtigen Befestigungen überstanden 12 Belagerungen, bevor die Burg 1271 endgültig zurückerobert wurde.

▲ In Friedenszeiten gaben der Burgherr und seine Gemahlin große Feste und trugen ihre prächtigsten Gewänder.

Die meisten Burgen wurden in einer Zeit errichtet, als Könige und Fürsten fast ständig Kriege gegeneinander führten. Die mächtigen Festungen sollten das umliegende Land beherrschen und beschützen. Von hier aus konnte der Burgherr mit seinen Truppen den Angriffen fremder Heere besser Widerstand leisten oder sich hinter den trutzigen Mauern verschanzen. Aber eine Burg war mehr als eine Festung, sie war eine kleine Welt für sich. Oft umfaßte sie eine prächtige Halle, komfortabel eingerichtete Räume und eine schöne Kapelle. Sie war der Wohnsitz des Burgherrn, seiner Familie und seiner Gefolgsleute – die hier ein stilvolles Leben führten und sich sicher fühlten.

Menschen und Macht

Im Mittelalter beruhte alle Macht und aller Reichtum auf dem Besitz von Grund und Boden – und das Land wurde von den Burgen aus beherrscht. Die oberste Gewalt in einem Königreich lag beim König. Er überließ seinen Adligen Landbesitz und verlangte als Gegenleistung, daß sie im Kriegsfalle für ihn kämpften. Die Adligen wiederum gaben einen Teil der Ländereien an andere, weniger hochgestellte Ritter weiter, die ihnen dafür ihre Kriegsdienste zusagten. Diese Vergabe von Land als „Lehen" gegen ein Treueversprechen und die Heerfolge nennt man Feudalsystem oder Feudalismus.

Königin

König

Im Namen des Königs!

Das Wort des Königs war Gesetz. Er konnte jeden nach Gutdünken ins Gefängnis werfen oder sogar köpfen lassen!

Die Befehle des Königs wurden mit einem an einer Kordel hängenden, königlichen Siegel beglaubigt. Wer sich weigerte, den Befehl des Königs zu befolgen, galt als Rebell und riskierte, zum Tode verurteilt zu werden.

◄ Das Siegel des Königs Johann von England, der von 1199 bis 1216 regierte.

Unruhige Zeiten

Das Mittelalter begann, als das Römische Reich, das fast ganz Europa in sich vereinte, um 470 zerfiel. Europa teilte sich in mehrere Königreiche, die fast ständig Kriege gegeneinander führten. Im Laufe der Zeit wurden einige dieser Königreiche sehr mächtig und unterwarfen die schwächeren. Als das Mittelalter um die Mitte des 15. Jahrhunderts zu Ende ging, nahmen einige der Staaten, die wir heute kennen, schon Gestalt an.

Bischof **Adelsherr** **Adelsdame** **Ritter** **Kaufmann** **Nonne**

Bauer

Drei Klassen

Im Mittelalter war die Gesellschaft streng in drei Gruppen geteilt. Die Menschen kämpften, beteten oder arbeiteten für ihren Lebensunterhalt.

Von oben nach unten

Jeder wußte, wo sein Platz war. Der König befahl über die Adligen, diese befahlen über die Ritter, und beide befahlen über die armen Bauern!

Berufskrieger

Adlige und Ritter kämpften für den König gegen seine Feinde. Anfang des 13. Jahrhunderts begann der König, anstelle der Kriegsdienste auch Geld von ihnen anzunehmen.

Religiöses Leben

In Europa waren die meisten Menschen Christen. Sie errichteten zahlreiche Kirchen und Kathedralen, und auch die meisten Burgen besaßen eine eigene Kapelle.

Arbeitsleben

Zur arbeitenden Klasse gehörten die Handwerker wie Schmiede und Maurer, Kaufleute, die mit Waren handelten, und die Bauern, die den Boden bestellten.

Auf Reisen

Könige und reiche Adelsherren besaßen mehr als eine Burg – König Johann hatte über hundert! Mit ihren Soldaten, Dienern und vielen Wagen zogen sie von einer zur anderen.

7

Der Burgenbau

Wir schreiben das Jahr 1290, als mit dem Bau einer großen steinernen Burg begonnen wird. Es gibt noch keine elektrischen Bohrmaschinen oder Bulldozer wie auf modernen Baustellen. Das meiste ist Muskelarbeit. Tischler sägen Holz und bauen die Gerüste. Schmiede fertigen und reparieren Werkzeug. Steinmetze schneiden Steine, und die Arbeiter wuchten die schweren Lasten fluchend und ächzend in die Höhe, mischen Mörtel für das Mauerwerk und heben Gräben aus.

Steinmetzzeichen

Jeder Steinmetz hatte sein Zeichen. Er brachte es oft auf den von ihm bearbeiteten Steinen an, so wie ein Maler seine Bilder signiert. Außerdem diente das Zeichen zur Lohnabrechnung.

Der Mauerbau

Das Baugerüst wurde aus Holz errichtet (1). Dazu stieß man Querbalken in Öffnungen im Mauerwerk, die sogenannten Rüstbalkenlöcher (2). Zur Verstärkung wurde der Zwischenraum zwischen Außen- und Innenmauer mit Bruchstein, einer Mischung aus Steinbrocken und Mörtel, ausgefüllt (3). Die Hauptmauern waren zwischen 3 und 5 Meter dick.

Baumeister

Ein Baumeister entwarf den Plan für die Burg und beaufsichtigte die Bauarbeiten (4). Ihm unterstanden die Steinmetze, die die Steine bearbeiteten (5), und die Maurer, die die Mauern bauten (6).

Der Lastentransport

An Winden und Flaschenzügen wurden Eimer mit Baumaterial und Balken hochgezogen (7). Schwere Steine hievte man mit einem Tretradkran hoch, der von einem im Innern des Rades laufenden Mann bewegt wurde (8).

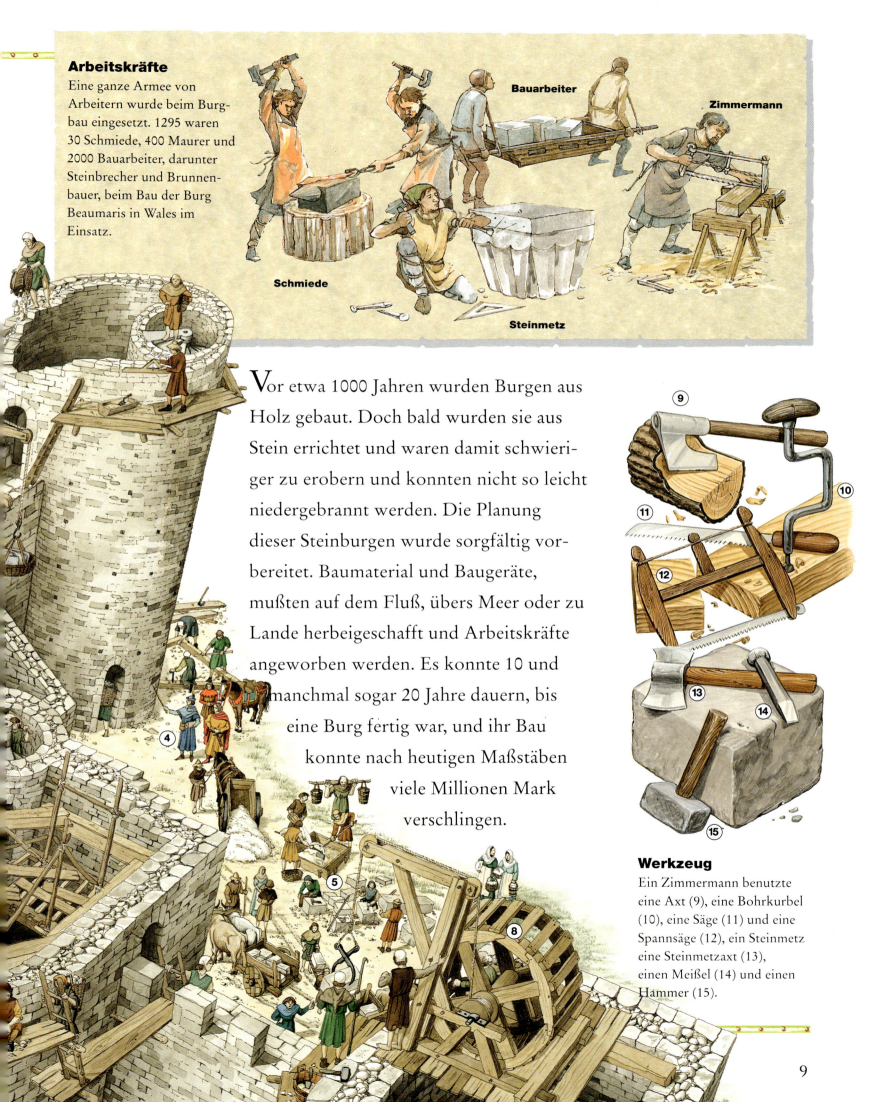

Arbeitskräfte

Eine ganze Armee von Arbeitern wurde beim Burgbau eingesetzt. 1295 waren 30 Schmiede, 400 Maurer und 2000 Bauarbeiter, darunter Steinbrecher und Brunnenbauer, beim Bau der Burg Beaumaris in Wales im Einsatz.

Bauarbeiter

Zimmermann

Schmiede

Steinmetz

Vor etwa 1000 Jahren wurden Burgen aus Holz gebaut. Doch bald wurden sie aus Stein errichtet und waren damit schwieriger zu erobern und konnten nicht so leicht niedergebrannt werden. Die Planung dieser Steinburgen wurde sorgfältig vorbereitet. Baumaterial und Baugeräte, mußten auf dem Fluß, übers Meer oder zu Lande herbeigeschafft und Arbeitskräfte angeworben werden. Es konnte 10 und manchmal sogar 20 Jahre dauern, bis eine Burg fertig war, und ihr Bau konnte nach heutigen Maßstäben viele Millionen Mark verschlingen.

Werkzeug

Ein Zimmermann benutzte eine Axt (9), eine Bohrkurbel (10), eine Säge (11) und eine Spannsäge (12), ein Steinmetz eine Steinmetzaxt (13), einen Meißel (14) und einen Hammer (15).

9

Spuren in Ruinen

 Heute sind die meisten Burgen unbewohnt, oder es blieben nur noch Ruinen von ihnen übrig. Ihre Verteidigungsanlagen sind zerstört, ihre Mauern kahl, und in ihren großen Hallen ist nur das Säuseln des Windes zu hören. Doch mit ein wenig Spürsinn läßt sich anhand dieser Überreste nachvollziehen, wie eine Burg im Mittelalter ausgesehen hat.

1 Der Bergfried

Der Bergfried ist meist leicht zu finden – es ist das größte Gebäude im Innern der Burg. Die Außenmauern waren früher vermutlich mit Kalk weiß getüncht, um den trutzigen Eindruck der Burg noch zu verstärken.

2 Steinmauern

In manchen Burgen kann man noch heute Spuren von verblichenen Farben an den Innenmauern entdecken. Die Mörtelschicht der Wände war früher mit kräftigen bunten Farben bemalt oder mit prächtigen Teppichen behangen.

3 Das Torhaus

Kehlen, die in die Mauern des Eingangstors gehauen sind, zeugen noch heute von dem Fallgatter, einem schweren Holzgitter, das hier herabgelassen werden konnte, um den Durchgang zu versperren. Hinter dem Fallgatter befand sich ein Paar schwere hölzerne Türflügel.

Warum stehen heute von vielen Burgen nur noch Ruinen? Mit dem Ende des 15. Jahrhunderts wurden Fehden auf offenem Felde ausgefochten; es ging nicht mehr um die Eroberung von Burgen. Darum bestand für Könige und Adlige kein Grund mehr, in befestigten Wohnstätten zu leben. Sie zogen nun in bequemere Landsitze, und die Burgen standen leer und verfielen mit der Zeit.

4 Feuerstellen

Hoch oben im Mauerwerk sieht man noch heute die Reste von Feuerstellen. Darunter kann man oft Reihen kleiner viereckiger Löcher entdecken. In ihnen waren die Balken eingelassen, auf denen die Dielen der Fußböden verlegt waren.

5 Die Burgkapelle

Wo lag die Burgkapelle? Man erkennt sie an den Bogenfenstern, schön behauenen Steinen und einem Steinbecken in einer der Wände. Dieses Becken enthielt vermutlich Wasser zur Reinigung des Kelches, der während des Gottesdienstes benutzt wurde.

6 Befestigte Mauern

Sind noch Löcherreihen in der Außenmauer zu erkennen? In Kriegszeiten wurden durch diese Löcher Balken geschoben, die hölzerne, überdachte Gerüste, Hurden genannt, trugen.

7 Wendeltreppen

In den Türmen sieht man die Wendeltreppen, die in das dicke Mauerwerk eingebaut waren. Sie waren rechtdrehend, so daß ein feindlicher Ritter, der sich nach oben durchkämpfen wollte, mit dem Schwert in der rechten Hand nur wenig Bewegungsfreiheit hatte.

8 Der Burggraben

Vielleicht gibt es noch einen ausgetrockneten, grasüberwachsenen Graben? Einst war er mit Wasser gefüllt und war ein schwer überwindliches Hindernis für den Feind.

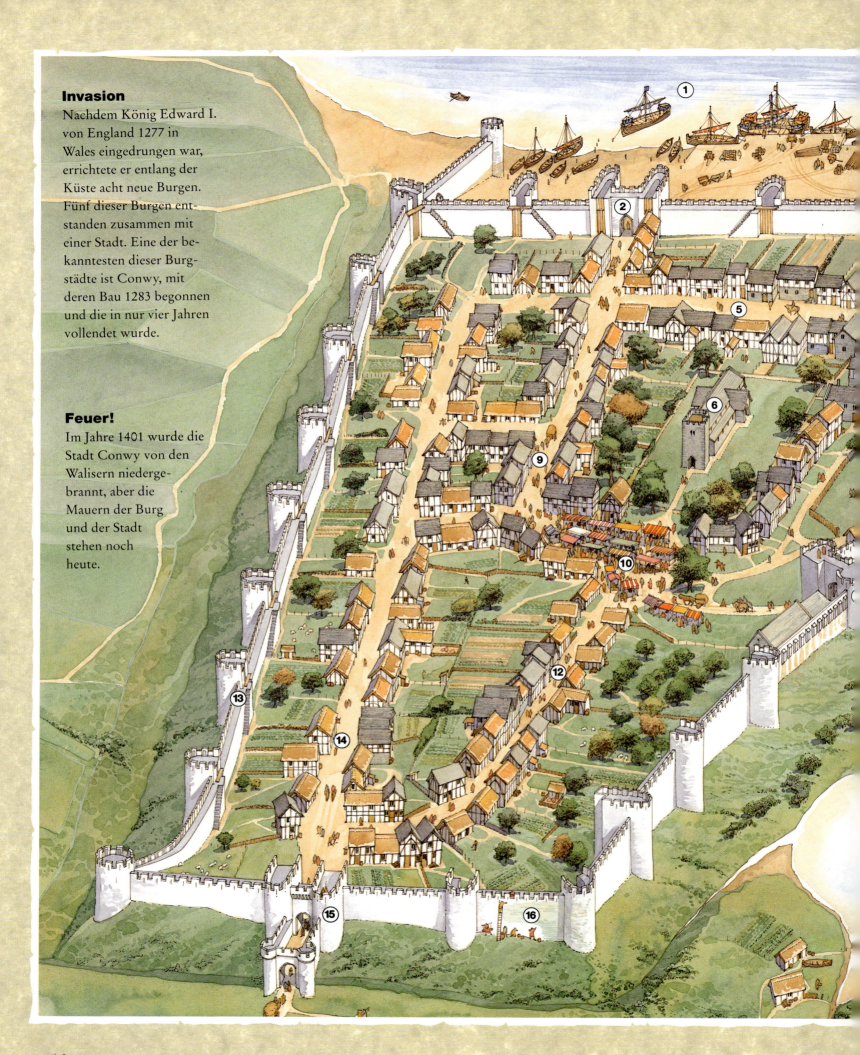

Invasion

Nachdem König Edward I. von England 1277 in Wales eingedrungen war, errichtete er entlang der Küste acht neue Burgen. Fünf dieser Burgen entstanden zusammen mit einer Stadt. Eine der bekanntesten dieser Burgstädte ist Conwy, mit deren Bau 1283 begonnen und die in nur vier Jahren vollendet wurde.

Feuer!

Im Jahre 1401 wurde die Stadt Conwy von den Walisern niedergebrannt, aber die Mauern der Burg und der Stadt stehen noch heute.

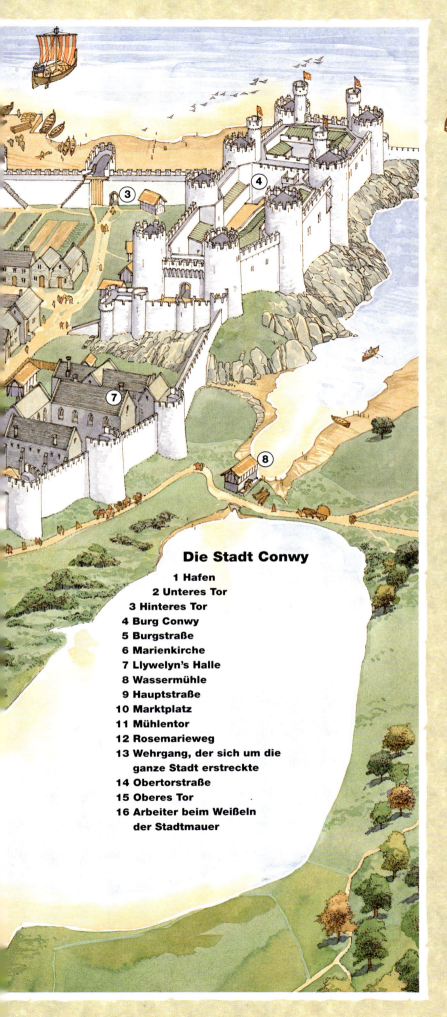

Die Stadt Conwy

1 Hafen
2 Unteres Tor
3 Hinteres Tor
4 Burg Conwy
5 Burgstraße
6 Marienkirche
7 Llywelyn's Halle
8 Wassermühle
9 Hauptstraße
10 Marktplatz
11 Mühlentor
12 Rosemarieweg
13 Wehrgang, der sich um die
   ganze Stadt erstreckte
14 Obertorstraße
15 Oberes Tor
16 Arbeiter beim Weißeln
   der Stadtmauer

EINE STADTBURG

Viele Städte waren im Mittelalter von einer Burg geschützt. Manchmal wurde die Burg erst gebaut, als die Stadt schon lange gewachsen war. Manchmal entstand die Stadt vor den Mauern einer bereits bestehenden Burg. In neueroberten Ländern wurde jedoch meist der Bau einer Burg und einer Stadt als Einheit geplant und ihre Mauern gleichzeitig hochgezogen. In diesen neuen Städten ließen sich meist Siedler nieder, die dem Burgherrn treu ergeben oder von ihm abhängig waren.

Baumeister

Edward I. nahm den größten Burgenbauer in Europa, Meister Jacques de Saint Georges aus Savoyen (das heute zu Frankreich gehört), in seine Dienste. Meister Jacques war für den Bau aller Burgen verantwortlich, die Edward I. in Nordwales errichtete. Er plante die Burg Conwy so, daß ihre trutzigen Mauern in die Verteidigungsmauern der Stadt übergingen.

▲ Wichtige Städte besaßen ein eigenes Siegel. Das hier abgebildete Siegel von Conwy stammt aus der Zeit um 1320.

Tore und Mauern

In unruhigen Zeiten war das Torhaus einer Stadtburg ständig mit Mannschaften besetzt, die Tag und Nacht Wache gingen. Die Wachsoldaten nahmen ihre Aufgabe sehr ernst; sie durchstöberten Karren und Körbe und stellten fremden Reisenden unliebsame Fragen. Händler, die auf dem Weg zum Markt waren, mußten die Wachen wahrscheinlich bestechen – mit einem Krug Bier, einer Pastete oder auch einer Silbermünze – und ein unwillkommener Besucher konnte mit einem Pfeil in der Kehle rechnen.

▲ London war von Verteidigungsmauern umgeben und vom „Tower", dem mächtigen Torhaus, beschützt.

◄ Das Wappen der Stadt Lancaster in England.

Unabhängigkeit

Die Burgstädte führten das Wappen des Burgherrn über ihren Toren. Einige Städte hatten aber auch ihr eigenes Wappen und zeigten damit deutlich, daß ihre Bewohner nicht im Schatten einer Burg oder eines Burgherrn lebten. Die Städter zahlten dem Herrn Steuern und erhielten dafür ihre Freiheit. Diese Städte waren gewöhnlich befestigt, mit hohen Mauern, Torhäusern und hatten sogar ein kleines Heer.

Eine Großstadt

Anfang des 14. Jahrhunderts hatte London 80 000 Einwohner und war damit eine der größten Städte Europas. Andere Städte waren meist kleiner und hatten nicht mehr als 2000 Einwohner.

Ausgangssperre

Bei Einbruch der Nacht ertönte eine Glocke. Die Tore der Stadt wurden geschlossen und verbarrikadiert. Bis zum Morgengrauen konnte dann niemand in die Stadt gelangen oder sie verlassen. Der Glockenschlag war für die Stadtbewohner auch das Zeichen, daß sie ihre Feuerstellen mit kuppelförmigen Tonschalen bedecken und zu Bett gehen sollten.

▶ Da innerhalb der Stadtmauern nicht genug Garten- und Weideland zur Verfügung stand, kauften die Städter Nahrungsmittel bei den Bauern der Umgebung.

Verteidigungs-anlagen der Stadt

In Kriegszeiten mußte ein feindlicher Angreifer erst die Verteidigungsanlagen der Stadt überwinden, bevor er zur Burg gelangte. Da sich die Verteidigungsanlagen von Burg und Stadt glichen, war dies nicht einfach. Bewaffnete Soldaten standen auf den langen Wehrgängen der Stadt, und die Torhäuser konnte man mit schweren, hölzernen Fallgattern versperren, die überdies mit Eisen verstärkt waren. Durch schmale Schlitze, die Schießscharten, schossen Bogenschützen ihre Pfeile ab.

15

Die Häuser der Stadt

Die meisten Häuser waren im Fachwerkbau errichtet. Die Zwischenräume zwischen den Balken wurden mit einem Flechtwerk ausgefüllt. Dieses bestand aus verschränkten Zweigen und Halmen, die mit Lehm verschmiert wurden (1).

Markttag

In den meisten Burgstädten fand ein- bis zweimal wöchentlich ein Markt statt. An einem solchen Tag drängten sich auf dem Hauptplatz die Menschen, und Händler priesen laut ihre Waren an. Kunden konnten alles kaufen, von Kerzen, Schuhen und Messern bis zu einem erfrischenden Schluck Bier. Mehrmals im Jahr fand auch eine Messe statt, die größer als ein Markt war und auf der viel mehr Waren angeboten wurden.

Lehrlinge

Viele junge Burschen aus der Stadt gingen in die Lehre. Sie wohnten bei der Familie eines Handwerksmeisters und lernten bei ihm. Nach sieben Jahren konnten sie gehen und ihre eigene Werkstatt eröffnen.

► **Ein Böttcher zeigt seinem Lehrling, wie man einen Reifen um ein Faß schlägt.**

Straßenschilder

Weil nur wenige Menschen lesen konnten, hingen vor Läden und Werkstätten Schilder über der Tür, die zeigten, was sie verkauften. So hing zum Beispiel beim Hufschmied ein Hufeisen und vor der Schenke ein grüner Busch.

Schlammige Straßen

Die Straßen waren schlammig und schmutzig, weil sie keine Abflußrohre hatten, sondern nur offene Gräben, in denen sich die Abwässer und die Abfälle sammelten (2). Meist roch es auch übel, denn der Müll wurde einfach aus den Fenstern geworfen!

Das Warenangebot

Die Waren der ansässigen Handwerker wie Geschirr (3), Taschen und Gürtel (4) wurden von diesen selbst verkauft. Luxusartikel – wie fein gewebte Stoffe (5) oder verzierte Krüge und Schüsseln (6) aus Italien – wurden von Händlern auf den Markt gebracht.

In vielen Städten schlossen sich die Handwerker zu sogenannten Zünften und die Kaufleute zu Gilden zusammen. Diese Vereinigungen beaufsichtigten die Preise, organisierten die Ausbildung und kontrollierten die Qualität der Waren. Oft befanden sich die Werkstätten eines bestimmten Handwerks alle in einer Straße oder ein und derselben Gegend der Stadt. Noch heute zeugen die Namen mancher Straßen von dem Gewerbe, das hier betrieben wurde, wie zum Beispiel die „Schustergasse" oder der „Bäckergang".

Gaukler

Auch wer sich die teuren Waren nicht leisten konnte, hatte doch immer ein paar Münzen, um Stelzenläufern und Jongleuren (7) oder vielleicht sogar einem Tanzbären (8) zuzuschauen.

Geldverleiher

Adlige und oft auch Könige mußten sich nicht selten Geld leihen, um ihre Handwerker oder Fehden zu bezahlen. Manche Geldverleiher wurden so sehr reich.

► **Münzen wurden gewogen, weil sie so viel wert waren wie ihr Gewicht.**

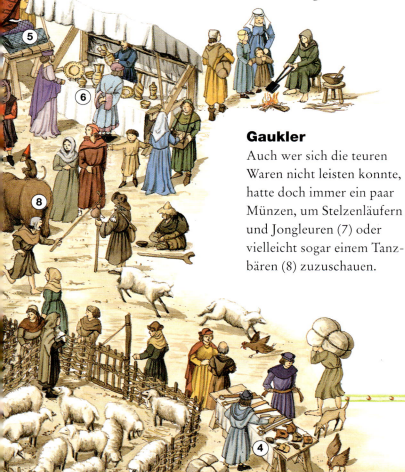

1 Hurden

Hölzerne Schutzgerüste, die Hurden, wurden auf den Türmen angebracht. Durch Lücken im Boden konnten die Verteidiger mit Wurfgeschossen auf jeden Feind am Fuß der Mauer zielen.

2 Wehrgang

Die Mauerkrone bestand aus abwechselnd hohen und niedrigen Teilstücken. Hinter den hohen Teilstücken, den Zinnen, fanden die Verteidiger Deckung. Durch die niedrigen Teilstücke, die Zinnenfenster, konnte geschossen werden. Zur Deckung und Tarnung waren sie mit Holzklappen, den Zinnenladen, verschließbar.

3 Die Zugbrücke

Die hölzerne Zugbrücke schwang wie eine Wippe aufwärts, wenn der Zugang zum Burggraben unterbrochen werden sollte.

7 Befestigte Türme

Für den Fall, daß der Feind versuchte, die hölzernen Wehranlagen in Brand zu stecken, bedeckte man die Dachfläche mit nassen Tierfellen.

6 Pechnasenkranz

Der Pechnasenkranz glich der hölzernen Hurdengalerie, nur war er aus Stein. Er ragte nach vorn vor, so daß man Steine, heißes Pech oder Ätzkalk durch senkrechte Schächte werfen oder gießen konnte.

BEFESTIGUNGEN

Viele Burgen wurden auf einer Anhöhe mit freier Sicht über das angrenzende Land angelegt, so daß ein Überraschungsangriff nicht in Frage kam. Näherte sich ein feindliches Heer der Burg, sah es sich den trutzigen Mauern und Türmen gegenüber. Der einzige Zugang führte über ein schwer befestigtes äußeres Torhaus, und dahinter lag ein Vorwerk zum Schutz des inneren Torhauses. Selbst wenn es den Angreifern gelang, diese Verteidigungsanlagen zu überwinden, standen noch zahlreiche weitere Tore, Mauern und Türme im Weg, bevor die Burg eingenommen werden konnte.

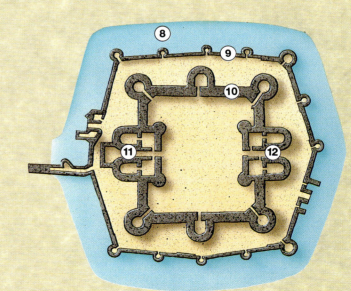

4 Das Fallgatter

Das Fallgatter glitt in Holzkehlen auf und nieder, die zu beiden Seiten in den Mauern eingelassen waren. Es hing an Seilen und wurde durch eine Aufzugswinde im oberen Teil des Torhauses gehoben.

5 Das Torvorwerk

Das Torvorwerk, auch Barbakane genannt, war dem inneren Torhaus vorgelagert und von Mauern umgeben. Gelangte ein Feind bis dorthin, wurde er von den Verteidigern von allen Seiten unter Beschuß genommen.

Beaumaris

Die Burg Beaumaris an der Küste von Wales war so vollkommen geplant, daß sie keinerlei Schwachpunkte bot. Der Plan oben zeigt den Burggraben (8), die Außenmauern (9), Innenmauern (10) und zwei mächtige Torhäuser (11 und 12). Der Bau wurde 1295 begonnen, jedoch nie vollendet.

Krieger und Waffen

In Friedenszeiten wurde die Burg von einer nur kleinen Wachmannschaft bewacht. Eine typische Garnison bestand aus 12 mit Bogen und Armbrüsten bewaffneten Soldaten. Manchmal wurden auch Bauern, die ihrem Grundherrn Kriegsdienste schuldeten, zur Wache eingeteilt. Sie waren meist schlecht ausgerüstet, und der Schmied hatte stets dafür zu sorgen, daß genügend Waffen, Bogensehnen und Pfeile vorrätig waren.

Die Truppe

Einfache Soldaten kämpften zu Fuß. Geschützt waren sie nur durch ein wattiertes Wams und Rüstungsteile, die sie irgendwann auf dem Schlachtfeld gefunden hatten. Die meisten Fußsoldaten kämpften mit einem Messer, einer Hellebarde (einer an einem langen Griff befestigten Axt) oder vielleicht auch mit einem Schwert. Die Ritter konnten sich dagegen eine wesentlich bessere Bewaffnung leisten. Schwert, Pferd und Rüstung eines Ritters kosteten soviel wie ein Bauer in seinem ganzen Leben nicht verdiente!

Hellebarde

Lanze und Schwert

Im Kampf brauchte der Ritter eine Lanze, um den Gegner vom Pferd zu stoßen. Doch sein wertvollster Besitz war sein Schwert.

Wenn ein Krieg bevorstand, verlangte der König von seinen Adligen und deren Rittern, für ihn in die Schlacht zu ziehen. Jeder Ritter mußte seine Rüstung und sein Pferd selbst stellen. Zur Verstärkung warben die Könige oft auch Söldner an – Berufssoldaten, die keinem Herrn Treue gelobt hatten, sondern gegen Bezahlung kämpften.

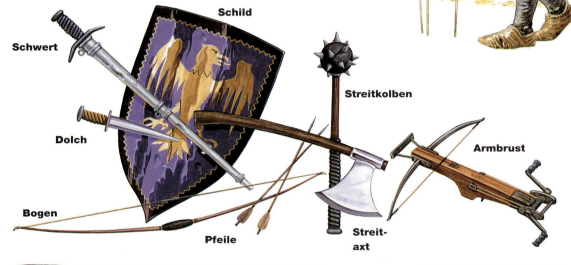

Schild

Schwert

Dolch

Bogen

Streitkolben

Armbrust

Pfeile

Streit-axt

Tödliche Waffen

Zu den schrecklichsten Geräuschen im Kampfgetümmel gehörte das Zischen der eisenbewehrten Pfeile. Ein geübter Bogenschütze konnte ein 90 Meter entferntes Ziel treffen und bis zu 12 Pfeile in der Minute abschießen. Armbrüste waren noch treffsicherer, jedoch schwerer nachzuladen.

▼ Nachladen einer Armbrust

◄ Darstellung einer Burg, die von Armbrustschützen und Rittern angegriffen wird.

Erziehung zum Ritter

Ritter waren die Elite der Kriegsleute im Mittelalter. Die ersten Ritter gab es im 8. Jahrhundert, als eine waffentechnische Neuerung aus Asien Europa erreichte. Es war der Steigbügel – eine Fußstütze, mit deren Hilfe der Reiter sich fest abstützen konnte, wenn er im Sattel kämpfte. Bald wurden die berittenen Berufskrieger, die Ritter, der wichtigste Truppenteil. Auch außerhalb des Schlachtfeldes gewannen die Ritter immer mehr an Ansehen.

Die Nachtwache

In der Nacht, bevor der junge Edelmann zum Ritter geschlagen wurde, wurde er gebadet und rasiert. Knappen kleideten ihn in einen einfachen Umhang und führten ihn in die Kapelle, wo er die Nacht betend vor dem Altar verbrachte.

▶ In der Nacht vor der Schwertleite beteten die jungen Männer, um rechte Ritter zu werden.

Die Schwertleite

Wenn die Nachtwache im Morgengrauen endete, legte der junge Mann seine feinsten Kleider an und begab sich in den Festsaal, die Große Halle, wo seine Familie und Freunde auf ihn warteten. Nach dem Frühstück begann die als Schwertleite bezeichnete Zeremonie. Der Burgherr berührte den Nacken des Jünglings leicht mit dem Schwert und ließ einen kräftigen Schlag mit der Hand folgen. Dann übergab man ihm ein Schwert und Sporen – meist ein Geschenk seines Vaters oder des Burgherrn selbst. Der so zum Ritter geschlagene Jüngling begab sich noch einmal in die Kapelle und wurde vom Priester gesegnet.

▲ Der Page bediente in der Großen Halle und lernte hier gutes Benehmen.

▲ Mit einem Holzschwert übte er sich stundenlang im Schwertkampf.

▲ Ein Knappe half dem König bei der Vorbereitung auf den Kampf.

▶ Hatte ein Knappe sich besonders tapfer verhalten, so wurde er noch auf dem Schlachtfeld zum Ritter geschlagen.

Vom Pagen . . .

Im Alter von 7 Jahren ging ein Knabe, der Ritter werden sollte, als Page zu einer anderen vornehmen Familie. Dort bediente er bei Tisch, half dem Herrn morgens beim Ankleiden und lernte Reiten und den Schwertkampf.

. . . zum Ritter

Im Alter von 14 Jahren wurde der Page zum Knappen eines Ritters. Er mußte ihn in die Schlacht begleiten und sich um seine Pferde und Rüstung kümmern. In der Regel wurde ein Knappe zum Ritter geschlagen, wenn er 21 Jahre alt war.

Ritter Christi

Es gab Ritter, die zugleich Mönche waren. Die Hospitaliter bauten Krankenhäuser und pflegten Kranke, die Templer beschützten Pilger, die ins Heilige Land reisten. Während der Kreuzzüge kämpften auch diese beiden Ritterorden gegen die Sarazenen.

◀ Die Ritter des Templerordens (links) und die Hospitaliter (rechts) lebten nach streng religiösen Regeln.

Rittertum bedeutete mehr als nur die pure Lust am Kämpfen – es beinhaltete auch „Ritterlichkeit". Anfangs bedeutete dies lediglich reiterliches Können, doch im 12. Jahrhundert entwickelte sich daraus eine neue gesellschaftliche Lebensform. Von einem Ritter erwartete man, daß er edelmütig und tapfer war, Schwache schützte und Frauen ehrte. Erzählungen von diesen ritterlichen Idealen waren im Mittelalter sehr beliebt. Doch die Wirklichkeit sah anders aus: viele Ritter entsprachen diesen hohen Anforderungen nicht.

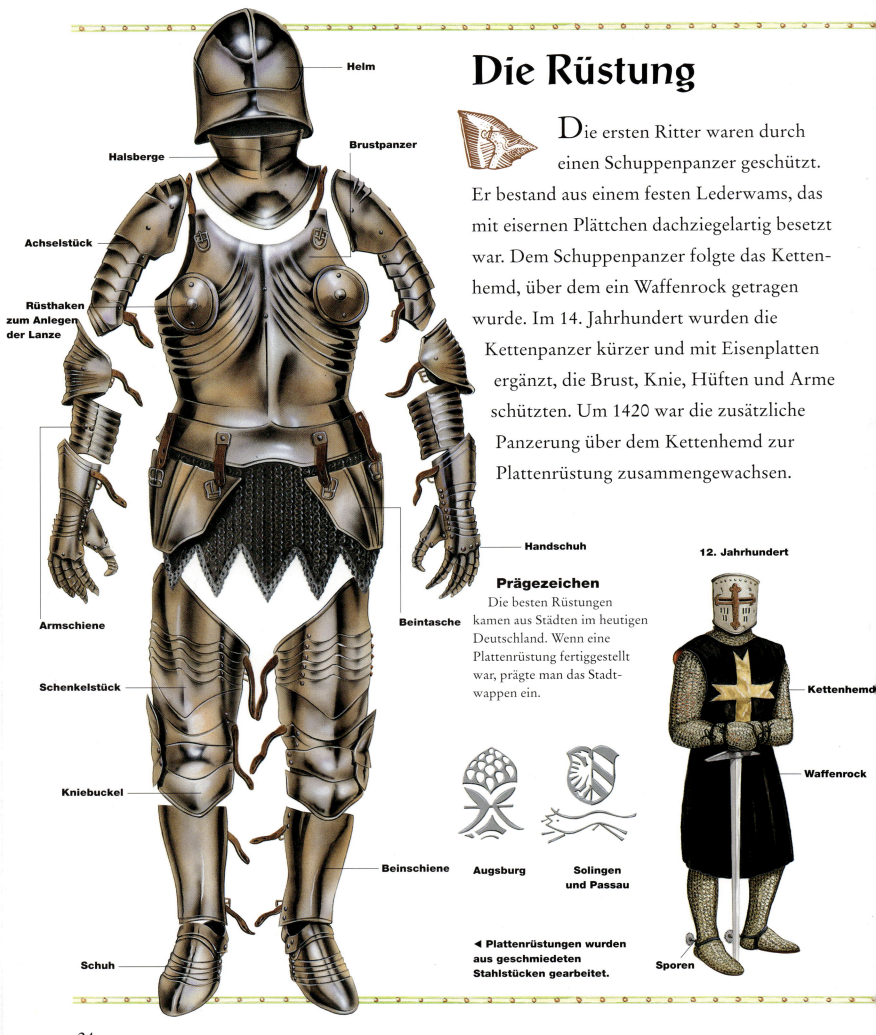

Helm

Brustpanzer

Halsberge

Achselstück

Rüsthaken zum Anlegen der Lanze

Armschiene

Schenkelstück

Kniebuckel

Schuh

Handschuh

Beintasche

Beinschiene

Die Rüstung

Die ersten Ritter waren durch einen Schuppenpanzer geschützt. Er bestand aus einem festen Lederwams, das mit eisernen Plättchen dachziegelartig besetzt war. Dem Schuppenpanzer folgte das Kettenhemd, über dem ein Waffenrock getragen wurde. Im 14. Jahrhundert wurden die Kettenpanzer kürzer und mit Eisenplatten ergänzt, die Brust, Knie, Hüften und Arme schützten. Um 1420 war die zusätzliche Panzerung über dem Kettenhemd zur Plattenrüstung zusammengewachsen.

Prägezeichen

Die besten Rüstungen kamen aus Städten im heutigen Deutschland. Wenn eine Plattenrüstung fertiggestellt war, prägte man das Stadtwappen ein.

Augsburg

Solingen und Passau

◄ Plattenrüstungen wurden aus geschmiedeten Stahlstücken gearbeitet.

12. Jahrhundert

Kettenhemd

Waffenrock

Sporen

Kettenpanzer

Die Herstellung eines Kettenpanzers war die Arbeit eines Spezialisten. Dicker Eisendraht wurde um einen Stab gewickelt und dann in offene Ringe geschnitten. Die Enden wurden flach gehämmert und mit winzigen Löchern versehen. Dann wurden die Ringe ineinandergefügt und die Enden so gebogen, daß die Löcher übereinanderlagen. Schließlich wurden sie zusammengenietet. Das war wie Stricken – mit Eisen!

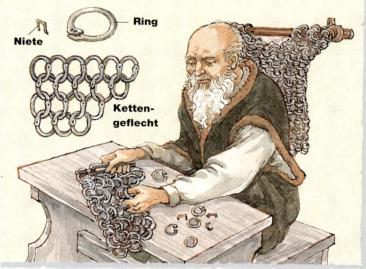

Niete

Ring

Kettengeflecht

14. Jahrhundert

Hundsgugel

Halskragen

15. Jahrhundert

Das Anlegen der Rüstung

Es konnte eine Stunde dauern, bis ein Ritter in seiner Rüstung stand. Er zog ein gefüttertes Wollwams an, während sein Knappe die Rüstung zurechtlegte. Dann wurde das Beinzeug (1) am Gürtel festgeschnallt oder angebunden. Als nächstes kamen Brustpanzer (2) und Rückenpanzer, gefolgt vom Armzeug (3). Dann wurden die Handschuhe angezogen und der Helm aufgesetzt (4).

 ①  ②  ③  ④

Eine Plattenrüstung wog zwischen 20 und 25 Kilogramm. Sie bedeckte den ganzen Körper und das Gesicht des Ritters. Er steckte in ihr wie ein Krebs in seinem Gehäuse. Die einzelnen Teile waren durch Gelenke miteinander verbunden, so daß ihr Träger sich bewegen konnte. Die Plattenrüstung bot weit mehr Schutz gegen Schwerthiebe oder Keulenschläge als das Kettenhemd. Dennoch konnte sie die eisenbewehrten Armbrustpfeile ebenso wenig abwehren wie einen gut gezielten Lanzenstoß.

Während seines Aufenthalts inspizierte der Burgherr seine Ländereien, ließ sich von seinen Beamten berichten, ob alles gut gelaufen war, sprach Urteile über Missetäter und unterhielt seine Gäste mit Jagdausflügen, Festessen und vielleicht auch einem Turnier. Selbst wenn er mehrere Burgen besaß, verbrachte er höchstens ein paar Monate in ihnen. Die übrige Zeit befand er sich am Königshof oder kämpfte für seinen König auf dem Festland.

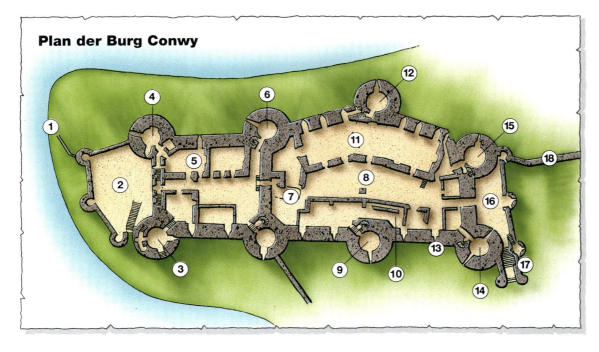

Plan der Burg Conwy

Feuergefahr

Wegen der Brandgefahr war der Küchenbau in einem separaten Gebäude im Burghof untergebracht. Meist war er mit der Großen Halle durch einen gedeckten Gang verbunden. Weil sie so weit getragen werden mußten, waren die Speisen oft schon eiskalt, wenn sie aufgetischt wurden!

Vergessen

Das Gefängnis oder Verlies der Burg Conwy lag im untersten Geschoß des Gefängnisturms. In den meisten Burgen wurden die Gefangenen in unterirdischen Verliesen untergebracht, und nicht selten gerieten sie hier, abgeschirmt von der Welt, in Vergessenheit.

▼ Manche Burgen, die an Flüssen oder an der Küste lagen, waren mit dem Schiff erreichbar. Besucher gelangten durch einen besonderen Zugang, das Wassertor, ins Innere.

◄ Zu vielen Burgen gehörten gut gepflegte Gemüse- und Kräutergärten. In Conwy lag dieser Garten in der östlichen Vorburg.

DAS LEBEN AUF DER BURG

In Friedenszeiten waren nur wenige Soldaten erforderlich, um auf den Burgmauern Wache zu gehen, und die Hurden wurden von den Wehrgängen abgebaut. Die meiste Zeit des Jahres war es ruhig in der Burg, doch wenn der Burgherr seinen Besuch ankündigte oder gar der König auf der Durchreise war, begann ein geschäftiges Treiben.

Burgbewohner

Während der Abwesenheit des Burgherrn war der Vogt sein Stellvertreter. Er war ein Ritter und oft mit dem Burgherrn verwandt. Der Vogt ernannte die anderen Burgbeamten, darunter den Kämmerer, dem die Aufsicht über die Vorratskammern der Burg oblag.

Burgbesucher

Der Burgherr brachte ein großes Gefolge mit, oft stieg die Zahl der Burgbewohner von 20 auf 200! Zu seinem Haushalt gehörten ein Kaplan, Soldaten und eine Schar von Bediensteten. Auch befreundete Burgherren kamen zu Besuch. Außerdem gab es viele, die für Unterhaltung mit Spiel, Gesang und Tanz sorgten – Jongleure, Narren, Bänkelsänger und Spielleute.

Essen und Trinken

In den meisten Burgen wurden das ganze Jahr über nur kleinere Vorräte an Nahrungsmitteln gehalten. Wenn jedoch der König oder der Burgherr seinen Besuch ankündigte, hallte der Burghof wider von Befehlen und Flüchen und vom Geratter rollender Fässer. Diener füllten die Keller und Vorratsräume mit gesalzenen Schinkenseiten und prall gefüllten Getreide- und Mehlsäcken. Der Kämmerer sah nach, ob die vorhandenen Vorräte nicht vielleicht schon verdorben waren, das Mehl nicht schimmelte und der Wein nicht sauer geworden war.

Gerste

Roggen

Weizen

Vorratshaltung

Obwohl es in den Kellern der Burg kühl war, konnte man Nahrungsmittel nicht allzu lange frisch halten. Darum wurde Fleisch meist geräuchert und stark gesalzen, damit es sich den Winter über hielt. Gemüse wurde getrocknet oder eingelegt.

Pilze und Zwiebeln (1) wurden aufgefädelt und zum Trocknen aufgehängt.

Manchmal wurden Obst und Fleisch schichtweise in Fässern gelagert. Der Fruchtsaft sickerte in das Fleisch und machte es haltbarer.

In den meisten großen Burgen gab es einen Haushofmeister (5), der sich um die Lagerung der Speisen und Getränke kümmerte.

Das tägliche Brot

Vor dem Backen wurde Getreide, wie Roggen, Gerste und Weizen, gemahlen. Einige Burgen besaßen eigene Mühlen, die hoch oben auf den Burg- oder Stadtmauern standen. Dort erreichte der Wind ungehindert die Mühlenflügel, durch welche die schweren Mahlsteine gedreht wurden.

Weißes Fleisch

Die Milch von Schafen, Ziegen und Kühen sowie die Sahne, die Butter und der Käse, die man daraus herstellte, hießen „weißes Fleisch". Der fettreichste Anteil der Milch wurde zu weichem Käse oder Butter für den Burgherrn und seine Familie verarbeitet. Die Dienstmannen mußten sich mit einem dicken, harten Käse aus dem Rest der Milch begnügen. Manchmal war ein solcher Käse so hart, daß er mit einem Hammer in Stücke geschlagen werden mußte, bevor man ihn essen konnte!

Fleisch wurde in einer Salzkiste (2) gepökelt. Dann hängte man es an große Haken (3) oder lagerte es in Fässern (4).

Brunnenwasser

Jede Burg brauchte eine eigene Wasserversorgung – vor allem, wenn sie eine Belagerung überstehen sollte. Tiefe, gemauerte Schächte führten zu unterirdischen Quellen auf dem Burggelände. Das Wasser zog man in hölzernen, an Ketten befestigten Eimern über eine Handhaspel herauf. Manchmal wurde Wasser auch in offenen oder gedeckten Kanälen direkt der Küche zugeführt.

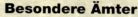

Besondere Ämter

Manche Ämter waren besonders ehrenvoll. So kümmerte sich der Mundschenk um die Weinvorräte, und der Tafeldecker hatte die Aufgabe, für stets saubere Tischtücher und Servietten zu sorgen. Diese beiden Ämter wurden vom Burgherrn an auserwählte Adlige vergeben.

Tafeldecker

Mundschenk

Zu größeren Burgen gehörten Fischteiche, Obstgärten und Weinberge sowie Gärten, die Kräuter und Gemüse lieferten. Vieh, Schafe und Schweine wurden auf den Bauernhöfen der umliegenden Ländereien gehalten. Die Jagdgesellschaften des Burgherrn brachten Wild, Wildschweine und Fasanen aus den Wäldern für die Festgelage an der herrschaftlichen Tafel.

Süß wie Honig

Oft wurden auf Burgen Bienen gehalten. Mit dem Honig süßte man Speisen und Getränke. Honig war auch wichtig für die Zubereitung des Met – eines stark alkoholhaltigen Getränks, das im Mittelalter sehr beliebt war.

Die Küche

Wenn der Burgherr nicht anwesend war, blieb es in der Küche ruhig. Der Burgvogt aß vielleicht in seinem Privatgemach, und die kleine Wachmannschaft brauchte nur einfache Mahlzeiten. War aber der Burgherr daheim, herrschte in der Küche ein lebhaftes Treiben. Der Koch gab lautstark seine Befehle. Die Hilfsköche schnitten Gemüse, rupften Geflügel und schlugen Fleisch, bis es weich war. Die geringsten Arbeiten, wie das Säubern der Kessel oder das Wasserholen, überließ man den Küchenjungen, die meist noch Kinder waren.

Verstellbarer Haken zum Aufhängen eines Topfes

Kochen im Kessel

In jeder Küche hing mindestens ein großer eiserner Kessel an einem Haken über einem offenen Feuer. Darin kochte man Eintöpfe, Suppen und Soßen. Manchmal wurden auch mehrere Speisen in den Kessel gepackt und gleichzeitig gegart – hier sind es Eier (1), Hühner (2) und Fisch (3) in verschlossenen Tontöpfen, Pudding in Stoffbeuteln (4) und Schinken (5).

Gut gewürzt

Die Speisen waren meist kräftig gewürzt, was nicht zuletzt auch den faden Geschmack von nicht mehr ganz frischem Fleisch übertönte. Viele Gewürze kamen aus dem Nahen und Fernen Osten. Da sie sehr kostspielig waren, konnten nur Wohlhabende sie sich leisten.

Ingwer

Muskatnuß

Kardamom

Zimt

Küchengerät

Zur Ausstattung der Küche gehörten ein Mörser mit Stößel (1) zum Zerstoßen von Gewürzen und Kräutern, ein Rührstock (2), ein Fleischstößel (3), ein metallener Schöpflöffel für Suppen (4) und verschiedene Messer zum Hacken von Gemüse und Fleisch (5).

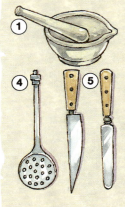

▼ **Töpfe und Platten wurden mit einem Gemisch aus Sand und Seifenkraut gereinigt. Schmutzwasser goß man in einen behauenen Ausgußstein, der in die Außenwand eingebaut war.**

Der wärmste Platz in der Küche war der vor dem flackernden Herdfeuer. Hier hatte ein Küchenjunge die anstrengende und schweißtreibende Aufgabe, unablässig einen langen Spieß, auf dem ein Braten steckte, zu drehen. Neben der Feuerstelle befand sich meist ein gemauerter Ofen, in dem das Brot gebacken wurde. Er wurde mit Reisig geheizt und blieb stundenlang heiß.

Bunte Speisen
Die Speisen wurden nicht nur gewürzt, sondern auch mit pflanzlichen Farbstoffen gefärbt und manchmal sogar vergoldet. Petersilie ergab Grün, Safran Gelb und Sandelholz Rot.

Die Große Halle

Bei besonderen Anlässen fanden in der Großen Halle der Burg Festessen statt. Der Burgherr, seine Familie und die wichtigsten Gäste saßen an dem überhöhten, von einem Baldachin überdachten Herrentisch. Er war mit feinen Leintüchern gedeckt. In einem bootsförmigen Gefäß aus Gold oder Silber in der Mitte des Tisches pflegte der Burgherr seine Serviette abzulegen.

Tischmanieren

Bei Tisch waren durchaus strenge Regeln vorgeschrieben. So galt es wie auch heute noch als unfein, mit vollem Mund zu sprechen oder beim Essen zu schmatzen.

◀ **Manch einer der feinen Herren kümmerte sich allerdings wenig um gute Tischmanieren!**

▶ **Der Mundschenk stand links neben dem Herrn und sorgte für stets gefüllte Becher. Zur Unterhaltung spielten Musikanten auf.**

Zu den Klängen von Schalmeien trug eine Prozession von Dienern das Essen auf. Zum Festmahl gehörten Suppen und Gelees, Aale und Hechte, geröstete Gänse, Reiher oder Schwäne, riesige Pasteten und Obstkuchen. Dazu trank man am liebsten Wein, den der Burgherr oft von weither kommen ließ. Die Esser teilten sich zu mehreren eine Schüssel. Ehrengäste bekamen eine eigene Schüssel und aßen von goldenen oder silbernen Tellern. Alle anderen benutzten dicke Schwarzbrotscheiben, die Fett- und Soßenreste aufsogen. Die Reste wurden an die Armen verteilt, die am Burgtor Schlange standen.

▲ Ein Aquamanile, meist in Tierform, enthielt Wasser zum Händewaschen vor dem Essen. Das Wasser wurde durch eine Öffnung im Pferdekopf ausgegossen.

Früher Beginn

Festessen und andere besondere Mahlzeiten wurden schon früh aufgetragen – gegen 10 oder 11 Uhr morgens – und dauerten mehrere Stunden.

Höfliche Sitten

Wohlerzogene Gäste teilten sich ihren Weinbecher mit ihrem Tischnachbarn und boten ihm von seinem Teller an. Die Gäste aßen mit den Fingern oder nahmen notfalls Messer und hölzerne Löffel zu Hilfe. Gabeln kamen erst gegen Ende des Mittelalters in Gebrauch.

▶ Die Gerichte waren so weich gekocht, daß sie mit Brot aufgetunkt oder in kleine Stücke geschnitten werden konnten, die man mit dem Messer aufspießte.

Häusliches Leben

Zu Anfang des Mittelalters lebte man in einer Burg äußerst bescheiden. Der Wind pfiff durch die hölzernen Fensterläden, und die meisten Burgbewohner schliefen auf Bänken oder Strohsäcken in der Großen Halle. Mit Beginn des 13. Jahrhunderts aber gab es in Burgen immer häufiger gut möblierte Schlafstuben und Wohnräume, die von großen offenen Kaminen beheizt und mit Kerzen erleuchtet waren. Die besseren Räume hatten verglaste Fenster und mit Teppichen behängte Wände. Der Fußboden war mit duftenden Kräutern bestreut oder mit Binsenmatten belegt.

unter dem Hauptbett hervorgezogen wurde.

1 Die Kleiderkammer
Das oberste Geschoß im Wohnturm des Burgherrn nutzten die Bediensteten der Burgfrau. Hier wurden auch Leintücher und Kleider in großen Truhen aufbewahrt.

2 Der Schlafraum
Hier lagen Binsenmatten auf dem Fußboden, und die Wände waren bemalt. Eine Kammerfrau konnte auf einem Rollbett nächtigen, das

3 Das Wohnzimmer
Dies war der Aufenthaltsraum der Burgherrschaft. Nach den Mahlzeiten zog sich der Burgherr hierher zurück, um vielleicht eine Partie Schach zu spielen.

4 Das Erdgeschoß
Durch eine Falltür im Wohnzimmer gelangte man in den Raum zu ebener Erde. Hier wurden meist Waffen, Münzen und Vorräte gelagert.

Lesen und Schreiben

Nur wenige konnten im Mittelalter lesen und schreiben. Es gab kaum Schulen, und die meisten Kinder besuchten nie eine. Jungen hatten mehr Chancen, etwas zu lernen, aber es gab auch einige wenige Frauen, die als Schriftstellerinnen berühmt wurden – wie zum Beispiel Christine de Pisan, die im 15. Jahrhundert in Frankreich lebte.

Unterhaltung

Fahrende Spielleute kamen oft auf die Burg, um Gäste zu unterhalten. Die vornehmen Herren und Damen spielten aber auch selbst Instrumente, sangen und dichteten. Ebenso beliebt waren das Sticken und das Schachspiel oder Erzählungen über romantische Liebe und Ritterlichkeit, die fahrende Sänger zum Klang von Laute oder Harfe vortrugen.

Harfenist

Lautenspieler

Die Burgfrau, die Gemahlin des Burgherrn, spielte eine wichtige Rolle auf der Burg. Sie hielt Hausstand und Bedienstete zusammen und betreute adlige Besucherinnen. Während der Abwesenheit des Burgherrn beaufsichtigte sie häufig die Bauern des Herrschaftsbereichs und organisierte die Versorgung mit Lebensmitteln sowie alle notwendigen Reparaturen an der Burg. Dennoch war dies eine Welt der Männer. Frauen waren dem Manne untergeordnet und hatten nur selten Recht auf eigenen Besitz.

Erziehung

Im Alter von 6 oder 7 Jahren wurden die Kinder vornehmer Eltern häufig in die Burg einer befreundeten Familie geschickt. Die Knaben wurden Pagen und im Waffenhandwerk ausgebildet. Mädchen lernten die Führung eines Burghaushalts.

Jung verheiratet

Oft wurde die Hochzeit von Angehörigen des Adels schon vereinbart, wenn sie noch in der Wiege lagen. Die meisten von ihnen heirateten sehr jung, oft schon mit 14 Jahren.

► Oft wurden die Toiletten oder Aborte der verschiedenen Stockwerke übereinander gebaut. Der oberste Abort lag dann im Freien.

▲ Ein Tuch mit einem runden Loch wurde auf die kalte Steinplatte gelegt.

▼ Ein Schacht führte direkt in den Burggraben oder in eine Jauchegrube am Fuß der Mauer.

Sauber und gesund

Die Menschen des Mittelalters kümmerten sich viel weniger um Schmutz und Gestank in ihren Wohnungen, als wir es heute täten. Die Toiletten einer Burg waren kaum mehr als eine Steinplatte mit runden Löchern, nur wenige Räume hatten fließendes Wasser, und Bäder waren ein kostspieliger Luxus. Ab und zu fand in der Burg ein Großreinemachen statt. Vernünftigerweise ging die Burgherrschaft dann für ein oder zwei Wochen auf Reisen, während im ganzen Bauwerk geschrubbt, gefegt und gelüftet wurde. Die Jauchegrube unter den Aborten mußte ebenfalls regelmäßig ausgeräumt werden – eine übelriechende Angelegenheit!

Aborte

Der Burgherr hatte bisweilen einen eigenen Abort neben seinen Räumen. Als Toilettenpapier benutzte man Leinenstreifen, und der Fußboden wurde mit süßduftenden Kräutern bestreut.

Ratten über Ratten

Ratten waren überall – in der Küche, in den Kellern, in den Ställen . . . Ratten vernichteten die Getreidevorräte und verbreiteten Krankheiten. Und in ihrem Fell saßen die Flöhe, die die tödliche Seuche, die Pest, übertrugen.

Badezeit

Nur die Reichsten konnten sich ein warmes Bad leisten. Das Feuerholz für das Erhitzen des Wassers, Tücher zum Auslegen des Holzzubers und Badeöle waren kostspielig. Wer baden wollte, mußte so viel ausgeben, wie ein Arbeiter in einer ganzen Woche verdiente.

Heilpflanzen

Im Mittelalter setzten Ärzte Heilpflanzen gegen eine Vielzahl verschiedener Krankheiten ein. Der Beinwell wurde bei Knochenbrüchen angewendet, damit sie schneller heilten. Die Wiesen-Schafgarbe stillte bei Fleischwunden die Blutung.

Zwischen 1347 und 1351 fielen in Europa etwa 25 Millionen Menschen der Pest zum Opfer. Niemand wußte, wie die tödliche Seuche übertragen wurde, und die Menschen waren ihr hilflos ausgeliefert. Frauen starben jung im Kindbett, und Männer erlagen in jungen Jahren den Wunden, die sie im Kampf davontrugen. Doch wenn die Menschen all dem entkamen, erreichten sie oft ein hohes Alter.

▼ Außer den Kammerfrauen und Dienerinnen waren die Wäscherinnen die einzigen Frauen, die auf der Burg beschäftigt waren. Alle anderen Arbeiten wurden von Männern und Knaben erledigt.

Seifenherstellung

Seife aus Olivenöl und duftenden Kräutern war seit dem 8. Jahrhundert im Süden Europas bekannt, kam aber erst viel später in den Norden. Oft wurde Seife auch aus Tierfett, Holzasche und Soda hergestellt.

► Kleider und Bettzeug wurden zusammengelegt und in einem Holzzuber mit flüssiger Seife übergossen. Dann schlug man die Wäsche mit dem Holzschlegel, um den Schmutz zu entfernen.

Im Wandel der Mode

Modische Kleidung war im Mittelalter sehr wichtig. So wie Könige gewaltige Burgen errichteten, um beim Volk Eindruck zu machen, kleideten sich die Wohlhabenden prunkvoll und kostbar, um sich gegenseitig zu imponieren. Zu festlichen Anlässen trugen die adligen Herrschaften Juwelen und Goldketten sowie farbenprächtige Gewänder. Farben hatten eine bestimmte Bedeutung. Blau stand für verliebt, Gelb bedeutete Ärger und Grau Trauer.

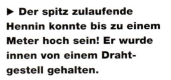

◄ Häufig verbargen Frauen ihr Haar unter Kopfbedeckungen. Manche waren wie Tierhörner geformt, andere ähnelten Schmetterlingsflügeln.

► Der spitz zulaufende Hennin konnte bis zu einem Meter hoch sein! Er wurde innen von einem Drahtgestell gehalten.

▼ Die Spitzen mancher Schnabelschuhe waren so lang, daß sie hochgebunden werden mußten. Wer nicht im Straßenschlamm einsinken wollte, trug Holzsohlen.

Modische Vorbilder

Anfang des 15. Jahrhunderts trug manch ein gut gekleideter Edelmann einen Hut mit einem „Liripipium" genannten langen Zipfel, den er über die Schulter herabhängen ließ (1). Mitte des 15. Jahrhunderts kamen knielange, mit Pelz besetzte Hänger (2) beim Adel in Mode, während Kaufleute lange Umhänge (3) trugen. Die unter der Brust gegürteten Frauenkleider hatten oft lange Schleppen, die über den Arm geschlungen wurden (4). Die Hauben waren sehr lang (5). Kurze Wämse und Schnabelschuhe (6) galten bei modebewußten Jünglingen als letzter Schrei.

Arbeitskleidung

Bauern konnten sich keine modischen Torheiten leisten. Sie trugen einfache Kittel, wollene Strümpfe, Umhänge, Strohhüte und den Gugel, eine Mütze mit Schulterkragen.

Im frühen Mittelalter kleideten sich die Menschen noch recht einfach. Doch im 12. Jahrhundert hielt der Kleiderluxus auch auf den Burgen Einzug. Wie heute wandelte sich die Mode von Hüten, Schuhen, Frisuren, Umhängen und Kleidern Jahr für Jahr. Darum erließ man im 13. und 14. Jahrhundert zahlreiche Kleiderordnungen, die die Modetorheiten beschränken sollten, doch sie wurden nur selten befolgt.

▼ Teuer bezahlte Schneider nähten für die Reichen Gewänder nach der neuesten Mode.

Die Kapelle

In den meisten Burgen gab es eine Kapelle in der Nähe der Herrschaftswohnung. Mit ihren bemalten Wänden, Buntglasscheiben und einem goldenen Kruzifix auf dem Altar war sie der schönste Raum der Burg. Hier begannen der Burgherr und seine Gemahlin den Tag mit einer Morgenandacht.

Manche Burgen hatten im Burghof noch eine größere Kapelle für die anderen Burgbewohner.

▲ Die Bibel und andere Bücher waren handgeschrieben und reich verziert.

Gebetsstunde

Die Gottesdienste in der Kapelle hielt der Burgkaplan, ein Priester, ab. Auch sprach er vor jeder Mahlzeit das Tischgebet. Die Priester gehörten zu den wenigen, die des Lesens und Schreibens kundig waren. Häufig besorgte der Burgkaplan auch die schriftlichen Arbeiten, die in der Burg anfielen.

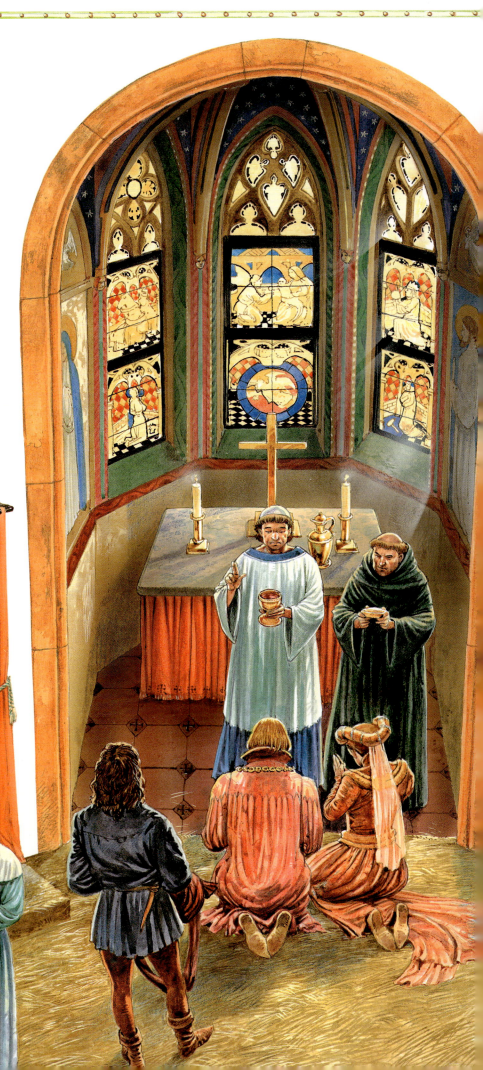

Feiertage

Kirchliche Feiertage wurden festlich begangen. An solchen Tagen brauchte kein Mensch zu arbeiten. Manchmal führten fahrende Spielleute vor dem Kirchen- oder Kathedralentor Mysterienspiele auf. Darin zeigten sie Geschichten aus der Bibel oder vom Leben der Heiligen.

▶ Andere Gaukler versuchten mit ihren Kunststücken die Zuschauer abzuwerben.

▼ Als Zeichen dafür, daß sie bis nach Santiago de Compostela gekommen waren, trugen Pilger an ihren Hüten Herzmuscheln.

▼ Betrügerische Reliquienverkäufer boten Kreuze an, die, wie sie behaupteten, aus dem Holz des Kreuzes gefertigt waren, an dem Christus gekreuzigt worden war.

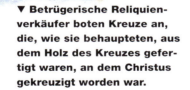

Reliquienverkäufer

Nonne

Pilger

Bischof

Mönch

Im Mittelalter waren die meisten Menschen sehr gläubig. Viele Christen unternahmen aus Frömmigkeit Pilgerfahrten. Diese Reisen führten sie bis nach Rom, Jerusalem oder Santiago de Compostela in Spanien. Andere wurden Mönche oder Nonnen und lebten in Abteien, Klöstern oder Konventen. Hier verbrachten sie ihr Leben mit Gebeten, dem Kopieren der Heiligen Schrift und der Pflege von Kranken.

Jagd und Falknerei

Der beliebteste Zeitvertreib war die Jagd, und die meisten Adligen besaßen besondere Pferde für die Treibjagd. Diese Pferde führten oft ein besseres Leben als die Diener, die sie betreuten! Auch die Jagdhunde waren sehr wertvoll. Sie waren darauf abgerichtet, das Wild aufzuspüren und zu verfolgen. Jeder König und Burgherr hatte gewöhnlich einen Lieblingsjagdhund, der ihm überallhin folgte. Die Hundemeute wurde von den Jagdgehilfen und den Hundepflegern versorgt.

▲ Eine Hundemeute stellt einen Eber. Die Hunde trugen Halsbänder, die sie vor den scharfen Hauern des Tieres schützen sollten.

Die Jagd

Zu den Tieren, die gejagt wurden, gehörten Rotwild, Wildschweine, Wölfe, Füchse und Bären. Aber die Jagd war nicht nur ein beliebter Sport, sondern auch eine Möglichkeit, den Speisezettel des Herrentisches zu bereichern.

Die Falkenjagd

Greifvögel gehörten zu den wertvollsten Jagdgehilfen. Es dauerte Jahre, bis sie darauf abgerichtet waren, kleinere Vögel, Hasen und Kaninchen zu schlagen. Je nach gesellschaftlicher Stellung durfte man nur eine bestimmte Greifvogelart benutzen. Ein Kaiser jagte mit einem Adler, ein König oder eine Königin mit einem Gerfalken, ein Adliger mit einem Wanderfalken und eine adlige Dame mit einem Habicht. Die Jagdfalken wurden in einem besonderen Schuppen, dem Mauserkäfig, untergebracht.

▶ **Zum Schutz vor den scharfen Krallen der Greifvögel trug der Falkner einen Handschuh.**

Im frühen Mittelalter gab es in Europa ausgedehnte Wälder, in denen es vor Hirschen und Rehen, Wildschweinen, Füchsen und Bären wimmelte. Doch mit der Zeit wurden immer mehr Waldgebiete gerodet und urbar gemacht. Schon im 12. Jahrhundert mußten bestimmte Gebiete zu Jagdrevieren erklärt werden. Das waren die königlichen Forste. Wer dort beim Wildern ertappt wurde, mußte mit harten Strafen rechnen. Ein überführter Wilderer konnte geblendet oder sogar hingerichtet werden, aber oft war Hunger stärker als die Angst vor Strafe.

Falknerausrüstung

Falkner brauchten für die Ausbildung und Pflege der Greifvögel eine Ausrüstung. Eine Leine, damit der Vogel nicht wegfliegen konnte, Glöckchen, `damit man ihn wiederfinden konnte, eine Haube, die man ihm zur Beruhigung überstülpte, und eine Ledertasche mit Futterhäppchen.

Leine

Glöckchen

Haube

Tasche

Das Turnier

Kampfspiele waren im Mittelalter sehr beliebt. Es gab Massenturniere, die Buhurts, bei denen Hunderte von Männern auf offenem Gelände wie in einer Schlacht aufeinanderstießen. Anfangs dienten sie nur als Übung für den Ernstfall. Später schlichtete man auf diese Weise auch Streitigkeiten. Die Verlierer schuldeten den Gewinnern Lösegeld oder Pferde und Ausrüstung. Im 13. Jahrhundert entwickelten sich daraus festliche Veranstaltungen, bei denen Ritter ihr Geschick im Umgang mit Pferd und Waffe zeigen konnten.

Turniersporn

▶ Im Tjost, dem Zweikampf, galoppierten die Ritter mit hölzernen Lanzen aufeinander zu.

Alles für eine Dame

Auf Turnieren konnte ein Ritter seinen Sinn für Mut und Ehre unter Beweis stellen. Wer sich unritterlich benahm, fiel in Ungnade. Wollte eine Dame einem Ritter ihre Gunst schenken, band sie ihm ihr Tuch um den Arm.

Gebrochene Lanzen

Ein Tjost war gewonnen, wenn es gelang, den Gegner aus dem Sattel zu heben. Punkte gewann man auch, wenn man seine Lanzenspitze auf dem Schild des Gegners zerbrach. Die Metallspitzen waren meist stumpf, um die Verletzungsgefahr herabzusetzen.

Das Gestech

Im 15. Jahrhundert trennte die Ritter im Zweikampf ein Holzzaun und verhinderte einen Zusammenprall. Der Gegner mußte mit der Lanze beim Stechen, dem „Gestech", aus dem Sattel geworfen werden. Den Platz, auf dem ein solches Turnier abgehalten wurde, nannte man Stechbahn.

Übung macht den Meister

Ein Knappe verbrachte Stunden mit dem Training für den Zweikampf. Er ritt mit eingelegter Lanze auf eine Stechpuppe zu und versuchte, den Schild zu treffen. Traf er, schwang ein schwerer Sack herum, und er mußte schnell reagieren, um nicht vom Pferd zu stürzen.

▶ Wer lange genug an der Stechpuppe übte, hatte gute Aussichten, einmal ein erfolgreicher Turnierritter zu werden.

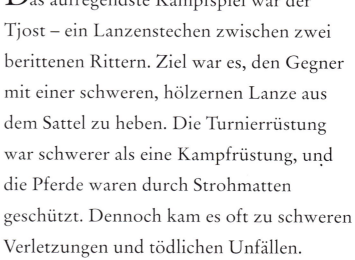

Das aufregendste Kampfspiel war der Tjost – ein Lanzenstechen zwischen zwei berittenen Rittern. Ziel war es, den Gegner mit einer schweren, hölzernen Lanze aus dem Sattel zu heben. Die Turnierrüstung war schwerer als eine Kampfrüstung, und die Pferde waren durch Strohmatten geschützt. Dennoch kam es oft zu schweren Verletzungen und tödlichen Unfällen.

Mannschaftsspiele

Nicht nur bei Turnieren gab es Verletzte. Bei einem hockeyähnlichen Spiel mußte eine Lederkugel mit Schlägern getroffen werden – oft erwischte es auch einen Spieler.

Heraldik

In der Hitze des Gefechts kann es über Leben und Tod entscheiden, wenn Freund und Feind erkennbar sind. Doch das war bei einem von Kopf bis Fuß in einer Rüstung steckenden Krieger nicht einfach! Um dennoch erkannt werden zu können, trug jeder Ritter auf seinem Schild und Waffenrock ein Abzeichen. Das System, nach dem diese Zeichen entwickelt sind, nennt man Heraldik oder Wappenkunde.

Wappen

Aus dem Zeichen auf dem Schild, der Waffe des Trägers, entwickelte sich das Wappen als Kennzeichen für seine Familie. Deshalb haben Wappen Schildform.

Heroldsbilder

Die einfachsten Wappenbilder sind in der ersten Reihe gezeigt. Sie können zweigeteilt (zweite Reihe) oder mehrfach unterteilt (dritte Reihe) sein und Teilungslinien mit Mustern haben (untere Reihe).

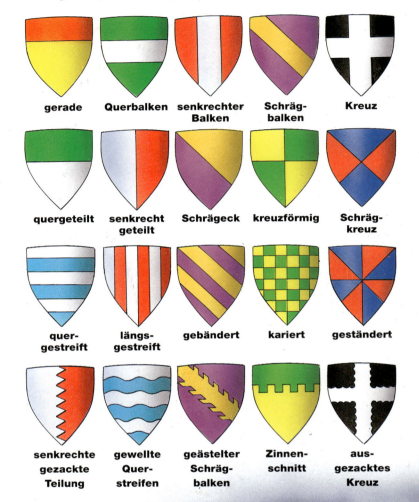

gerade | Querbalken | senkrechter Balken | Schrägbalken | Kreuz

quergeteilt | senkrecht geteilt | Schrägeck | kreuzförmig | Schrägkreuz

quergestreift | längsgestreift | gebändert | kariert | geständert

senkrechte gezackte Teilung | gewellte Querstreifen | geästelter Schrägbalken | Zinnenschnitt | ausgezacktes Kreuz

▼ Jeder Teil des Wappenschilds hat eine Bezeichnung.

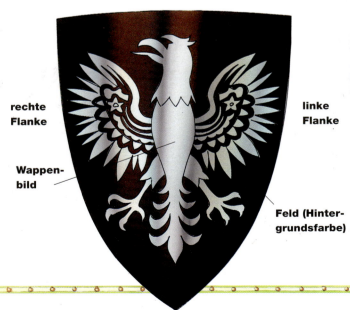

Ober- oder Hauptrand

rechte Flanke

linke Flanke

Wappenbild

Feld (Hintergrundsfarbe)

Unter- oder Fußrand

Heraldische Farben

Zu den in der Heraldik verwendeten Farben gehören zwei Metalle – Gold und Silber, die auch durch Gelb und Weiß ersetzt werden können – und fünf Farben oder Tinkturen. Die Tinkturen sind Blau, Rot, Schwarz, Grün und Purpur. Metall muß immer auf einem Farbfeld stehen und umgekehrt.

Herolde

Die Männer, die die Wappen entwarfen, hießen Herolde. Sie stellten sicher, daß kein Wappen dem anderen glich und führten Wappenbücher. Weil sie sich im Wappenwesen besonders gut auskannten, gehörte es zu ihren Aufgaben, bei Turnieren die Ritter anzukündigen. In weniger friedlichen Zeiten erstellten sie Listen der Ritter, die im Heer des Fürsten dienen sollten.

▼ Nach dem Ende einer Schlacht war der Herold damit beauftragt, anhand ihrer Wappen die toten und sterbenden Ritter zu identifizieren.

Verschränkte Wappen

Manchmal wurden die Wappen von zwei Familien zusammengefügt und bildeten ein neues Wappen. Das war meist der Fall, wenn der Wappenträger keine Söhne hatte.

1 Das Wappenschild eines Burgherrn ohne Erben.

2 Seine Tochter heiratet in eine Familie mit diesem Wappen.

3 Die beiden Wappen werden kombiniert.

4 Wenn der Vater der Ehefrau stirbt, wird das Wappen so verändert.

5 Das adlige Paar bekommt einen Sohn. Wenn der Burgherr stirbt, läßt der Sohn das Wappen in vier Felder aufteilen.

Zeichen für Söhne

Alle Familienwappen haben für jedes Mitglied der Familie ein bestimmtes Symbol. Das Symbol für einen zweiten Sohn ist zum Beispiel ein Neumond, für einen dritten Sohn ein fünfzackiger Stern und für den vierten ein Vogel.

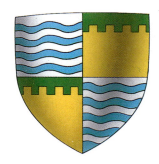

Anfangs führten nur Fürsten und Ritter Wappen. Sie schmückten nicht nur die Rüstung, sondern auch Flaggen, Siegel und Torhäuser der Burgen. Wappen wurden von einer Generation an die nächste weitervererbt und zeigten, daß ihre Träger aus bedeutenden Familien stammten. Später konnten auch Städte, Zünfte und sogar Bürger und Bauern, die zu Ansehen und Wohlstand gelangt waren, ein Wappen erhalten.

Bevor ein Feldherr mit einer Belagerung begann, versuchte er vielleicht, die Wachmannschaften zu bestechen und so in die Burg zu gelangen, oder die Brunnen der Burg zu vergiften.

Wenn das nicht gelang, kreisten die Truppen des Befehlshabers die Burg ein, brannten die umliegenden Häuser und Höfe nieder und schnitten die Versorgungswege ab.

Ochsenkarren brachten die Teile der Belagerungsmaschinen bis in die Nähe der Mauern, wo sie zusammengesetzt wurden.

Vielleicht kam auch ein Gesandter aus der Burg, um die Kampfbedingungen auszuhandeln.

BELAGERT!

Der Führer eines feindlichen Heeres, der die Burg und das umliegende Land erobern wollte, mußte sein Vorgehen sorgfältig planen. Bevor er die Belagerung in Angriff nahm, sah er sich das Gelände genau an. War die Burg leicht zu umzingeln? Wo lagen ihre Schwachpunkte? Wo konnten die Belagerungswaffen am wirkungsvollsten eingesetzt werden?

▲ 1370 belagerten die Engländer die französische Stadt Troyes. Dieses um 1470 entstandene Gemälde zeigt englische Herolde, die die Franzosen auffordern, sich zu ergeben.

Wenn die Burg nicht schnell einzunehmen war, versuchten die Angreifer, die Bewohner der Burg auszuhungern, so daß sie aufgeben mußten. Nur wenige Burgen hielten eine solche Belagerung bis zum Ende durch. Der Burgvogt brauchte die Burg nur 40 Tage lang zu verteidigen. Hatten der Burgherr oder sein König bis dahin keine Hilfe geschickt, durfte sich der Burgvogt ehrenvoll ergeben.

Angriff!

 Der Kampf hat begonnen. Die Feinde haben die Belagerungswaffen – den Tribock und die Mange – zusammengebaut und in Stellung gebracht. Nun schleudern sie Steine und Brandgeschosse gegen die Verteidigungsanlagen. Der Burggraben ist trockengelegt und mit Reisigbündeln und Erde aufgefüllt worden. Die Belagerer erklimmen eine lange, an die Mauer gelegte Sturmleiter, und der Belagerungsturm hat die Wehrgänge erreicht. Die Verteidiger suchen hinter den hölzernen Hurden Schutz oder finden in den Nischen hinter den Schießscharten Deckung und erwidern das Feuer der Angreifer.

1 Schutzmaßnahmen

Bogen- und Armbrustschützen werden vor dem Feuer der Belagerten durch Pavese – große hölzerne Schilde – gedeckt.

2 Aufgefüllter Graben

Wenn der Burggraben trockengelegt war, wurde er aufgefüllt, damit die Belagerungsmaschinen bis dicht an die Mauern herangerollt werden konnten.

3 Rammbock

Die Soldaten, die den Rammbock gegen das Burgtor schoben, standen unter einem Holzgestell, das zum Schutz gegen Brandgeschosse mit feuchten Tierhäuten bespannt war.

Unterminierung

Bevor es Burggräben gab oder wenn der Burggraben trockengelegt worden war, konnten die Angreifer versuchen, sich unter der Mauer durchzugraben. Die unterirdische Mine, der Stollen, wurde dann mit Holz abgestützt, welches verbrannt wurde und die Mauer zum Einsturz brachte.

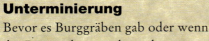

4 Belagerungsturm

Mit dem Turm konnten die Angreifer bis an die Wehrgänge heranfahren.

5 Tribock

Das hohe Wurfgeschütz arbeitete mit einem schweren Gegengewicht. Ein Korb am anderen Ende des Schleuderarms enthielt Steingeschosse.

6 Mange

Dies war eine fahrbare große Armbrust, die 2 m lange Bolzen oder Steinkugeln verschoß.

7 Bombarden

Die Geschützrohre konnten auf Gerüsten nach oben oder unten verstellt werden.

Ende der Belagerung

Woche um Woche vergeht. Alle Versuche, die starken Burgmauern zu erstürmen, schlagen fehl. Die Belagerer ermüden, und die Truppen murren, sie vergeudeten ihre Zeit. Wenn sie die Mauern nicht brechen konnten, warum sollen sie nicht versuchen, die Wachen mit Gold zu bestechen? Auch die Belagerten haben Probleme. Die Nahrungsmittel werden knapp, und Wasser ist streng rationiert. Doch dann wendet sich das Glück der Verteidiger – ein Späher entdeckt ganz in der Ferne das Glänzen von Rüstungen. Hilfe naht, sie ist nur einen Tagesmarsch entfernt.

Geschützfeuer

Geschütze kamen in Europa im frühen 14. Jahrhundert auf. Ihre Qualität war schlecht, nicht selten zersprangen die Rohre schon nach wenigen Schüssen. Sie wurden ständig verbessert, doch bis Mitte des 15. Jahrhunderts gelang es nur wenigen, eine Bresche in Wehrmauern zu schießen.

▼ Die stärksten Geschütze hießen Bombarden. Sie waren über 3 m lang.

Keine Gnade

Die Belagerer zeigten vermutlich wenig Erbarmen, wenn sie die Burg einnehmen konnten, bevor ihre Verteidiger sich ergaben. Gefangengenommene Fußsoldaten wurden oft gnadenlos umgebracht. Rittern erging es meist besser. Sie wurden als Geiseln genommen, bis ihre Freunde oder Landsleute ein hohes Lösegeld für ihre Freilassung zahlten.

▲ Nach der Einnahme wurde eine Burg oder befestigte Stadt meist geplündert, und jeder Soldat erhoffte sich einen Anteil an der Beute.

Innerhalb der belagerten Burg versammelt sich ein Trupp Ritter und Fußsoldaten dicht hinter einer kleinen Ausfallpforte, der Poterne. Plötzlich wird sie aufgestoßen, und die Soldaten drängen heraus. Ihr Ziel ist es, die Belagerungsmaschinen zu zerstören und die Männer zu töten, die sie bedienen. Die Belagerer sind überrumpelt, sie sitzen in der Falle – denn hinter ihnen rückt das Entsatzheer immer näher.

Königliches Lösegeld

Lösegelder konnten sehr hoch sein. 1193 verlangte der römisch-deutsche Kaiser Heinrich VI. 150 000 Mark (heute etwa 20 Millionen DM) für die Befreiung des englischen Königs Richard Löwenherz aus der Gefangenschaft.

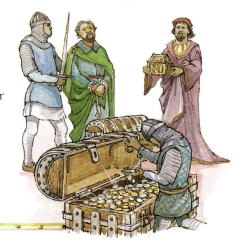

Burgen in der Geschichte

Der Burgenbau veränderte sich im Laufe der Zeit. Einfache, von Palisaden und ringförmigen Gräben geschützte Holztürme wurden durch massive, von Mauern und Burggräben umgebene Steinbauten verdrängt. Später glichen die Burgen immer mehr Palästen, gebaut eher für die Bequemlichkeit ihrer Bewohner als für den Schutz und die Beherrschung des umliegenden Landes.

Zeittafel

476 Ende des Römischen Reiches in Europa.

um 700 Der aus Asien übernommene Steigbügel ermöglicht es dem Reiter, im Sattel sitzend zu kämpfen.

um 800 Der Feudalismus entsteht in Westeuropa.

950 Der früheste bekannte Burgenbau in Frankreich in Doué-la-Fontaine, Anjou.

um 1000 Die Normannen tragen den Kettenpanzer.

Wohnturm

1066 Eroberung Englands durch die Normannen.

1096 Beginn der Kreuzzüge.

um 1100 Steinerne Bergfriede werden zur Hauptbefestigungsanlage einer Burg. Waffen sind Armbrüste und Bogen.

1119 Tempelorden gegründet.

1142 Kreuzritter nehmen die Burg Krak des Chevaliers in Syrien ein.

Motte
Palisadenzaun

▲ **um 1000**
Die frühesten Burgen waren Holzbauten. Sie standen auf einem künstlich aufgeschütteten Erdhügel. Wohnturm und Vorburg waren rundum von Palisaden geschützt.

▶ **Die 1497 gezeichnete Karte zeigt einige der bedeutendsten Burgen in den Ländern Europas und Nordafrikas.**

1150–1250 Tausende von Burgen werden im Gebiet des heutigen Deutschlands gebaut.

um 1180 Burgen mit viereckigen Wehrtürmen entstehen.

1187 Jerusalem wird von den Moslems zurückerobert.

1205 Krak des Chevaliers wird von den Hospitalbrüdern neu erbaut.

um 1200 Kulturelle Blütezeit des Rittertums.

▲ **12. Jahrhundert**
Für den Bau eines massiven Hauptturms oder Bergfrieds wurden jetzt Steine verwendet. Er wird der höchste und festeste Bau der Burg.

um 1220 Wehrtürme sind zunehmend rund.

um 1270 Der Pechnasenkranz ersetzt die hölzernen Hurden.

1271 Krak des Chevaliers fällt an die Moslems zurück.

um 1280 Edward I. beginnt mit dem Bau vieler Burgen in England und Wales.

1283 Edward I. erobert Wales.

1291 Ende der Kreuzzüge.

um 1320 Erstmals werden Bombarden eingesetzt.

1330 Der Plattenpanzer wird vorherrschend.

▼ **1290**
Viereckige Burganlagen waren mit Ringmauern, Türmen und Torhäusern befestigt.

innere Ringmauer

äußere Ringmauer

Burgen der Welt

▼ Die Burg Saumur in Frankreich wurde im Laufe des Mittelalters mehrmals neu erbaut.

1337 England eröffnet den „Hundertjährigen Krieg" gegen Frankreich.

1347–1351 In ganz Europa sterben 25 Millionen Menschen an der Pest.

um 1350 Einige Burgen in England und Holland werden aus Ziegelsteinen gebaut.

1400 Die Waliser erheben sich gegen die Engländer.

Es gab die verschiedensten Burgentypen. In Frankreich hatten die Burgtürme meist spitze Dächer. Das Mauerwerk spanischer Burgen war unter dem Einfluß des maurischen Baustils oft reich verziert. Außerhalb Europas war Japan das bedeutendste Burgenland. Hier hatten die Burgen überhängende Dächer und einen hölzernen, auf einem Steinsockel stehenden Bergfried.

▼ El Real de Manzanares in Spanien wurde 1473 als Palastburg errichtet.

▲ Die Burg Himeji in Japan wurde von Samurai, den japanischen Rittern, bewohnt.

▲ 15. Jahrhundert
Die meisten europäischen Burgen werden weniger stark befestigt. Herstmonceux in England hat Mauern aus Ziegelsteinen und große Fenster.

ab 1400 Die Bedeutung des Burgenbaus sinkt.

1453 Kostantinopel wird von den Türken erobert. Ende des Mittelalters.

▶ 19. Jahrhundert
Neuschwanstein war keine echte Burg, sondern eher ein Märchenschloß, das sich der bayerische König Ludwig II. erbauen ließ.

Stichwörter

Abort Auch Latrine, meist in Erkerform ins Mauerwerk eingebaute Toilette.

Ätzkalk gelöschter Kalk, der Haut und Kleidung verbrennt.

Armbrust Handwaffe, die aus einem Schaft und einem sehr starken Bogen besteht. Sie wurde mit Hebelkraft gespannt und verschoß Bolzen.

Barbakane Einem Tor vorgelagerte Befestigungsanlage.

Baumeister Plant und beaufsichtigt einen Bau, vergleichbar einem Architekten heute.

Bergfried Der Hauptturm der Burg.

Brustwehr Zinnengeschmückte, schmale Mauer auf dem Wehrgang.

Buhurt Turnierkampf ganzer Gruppen.

Fachwerkfüllung Mischung aus Lehm über einem Flechtwerk aus Zweigen und Rohr.

Mordlöcher

Fallgatter

Fallgatter Ein schweres Gitter zum Verschließen des Burgtores.

Feudalismus oder Feudalsystem. Die im Mittelalter vorherrschende Gesellschaftsform, die auf der Vergabe von Landbesitz gegen Treueeid und Dienstleistungen beruhte.

Große Halle Der Hauptraum der Burg, der gleichzeitig als Empfangsraum für Gäste und als Speiseraum diente.

Halsberge Metallener Ringkragen der Ritterrüstung.

Hellebarde Lanze mit Beil und einem Haken, mit dem Reiter vom Pferd oder Verteidiger von der Mauer gezogen wurden.

Herold Wappenkundiger Hofbeamter, der Wappen entwarf und Wappenbücher führte.

Herrentisch Wichtigster Tisch in der Großen Halle.

Hundsgugel

Hundsgugel Helm mit aufklappbarem Visier.

Hurde Holzgerüste, die bei einem Angriff auf dem Wehrgang zum Schutz der Verteidiger errichtet wurden. Sie wurden später von festen Pechnasenkränzen ersetzt.

Kaplan Geistlicher, der den Gottesdienst in der Burgkapelle hielt.

Kettenpanzer oder Kettenhemd. Hemd aus ineinandergefügten Eisenringen, das als Teil der Rüstung zum Schutz des Oberkörpers getragen wurde.

Kleiderkammer Raum in der Nähe der Herrschaftswohnung, in dem Kleidungsstücke aufbewahrt und die Haushaltsbücher geführt werden.

Knappe Ein junger Edelmann, der im Alter von 14 Jahren im Dienst eines Ritters seine Ausbildung als Ritter fortsetzte.

Sarazene

Kreuzzüge Mehrere Kriege, die die Christen gegen die Sarazenen um die Eroberung des Heiligen Landes führten – der Region im Nahen Osten, wo Jesus gelebt und gepredigt hat. Der erste Kreuzzug begann 1096 und der letzte fand 1291 statt.

Mange Wuchtige Wurfmaschine mit Schleuderarm, der Wurfgeschosse gegen die Burgmauern schleuderte.

Mauserkäfig Ein Schuppen, in dem die Jagdfalken gehalten wurden, wenn sie mauserten (ihr Gefieder wechselten).

Mordloch In der Decke eines Torhauses liegende Öffnung, durch welche der Feind mit heißem Pech begossen oder mit Steinen beworfen wurde.

Motte Künstlich aufgeschütteter Erdhügel, auf dem der Wohnturm der frühen Burgen errichtet wurde. Oft entstand daraus später eine Ringburg.

Page Ein adliger Knabe im Alter von 7 bis 14 Jahren, der zum Ritter erzogen wird.

Palisade Sperre aus dicht aneinandergereihten Pfählen, schon bei den frühen Erdhügelburgen.

Pavese Mannsgroßer Schild zum Schutz von Schützen, der mit einer eisernen Spitze in den Boden gerammt wurde.

Pechnasenkranz Vorkragende Brustwehrmauer, hinter der durch Öffnungen im Boden geschossen werden konnte.

Pilgerfahrt Eine Reise ins Heilige Land, heute Israel, Jordanien und Syrien.

Plattenrüstung Aus Metallteilen bestehender, der Körperform angepaßter Schutz vor Verwundungen.

Poterne Versteckt angelegte Ausfallpforte in der Burgmauer.

Rammbock oder Widder. Ein großer Balken auf fahrbarem Gestell zum Einrammen von Toren und Mauern. Die Metallspitze des Balkens war oft als Widderkopf geformt.

Ringburg Kreisförmige Burganlage, die oft aus einer Erdhügelburg (Motte) entstand.

Ringburg

Ringmauer Manche Burgtypen hatten zwei Mauerringe. Der äußere war niedriger, damit die auf der höheren inneren Mauer plazierten Schützen die dort stehenden Wachen unterstützen konnten.

Rittertum Lebensform des Ritterstandes, ausgerichtet nach Ehrenhaftigkeit, Sitte und Tapferkeit.

Rüstbalkenloch
Im Mauerwerk freigelassenes Loch, in das ein Balken eingelegt wurde.

Schießnische Keilförmige Öffnung hinter den Schießscharten, die dem Bogenschützen beim Spannen des Bogens Bewegungsfreiheit gab.

Schießscharte Öffnung im Mauerwerk, durch die die Schützen ihre Pfeile abschießen konnten. Schießscharten waren senkrechte oder kreuzförmige Schlitze. Für Geschütze gab es Schießlöcher.

Geschütz-loch

Sporn
Mit einem Bügel am Absatz des Stiefels befestigter Dorn, mit dem der Reiter das Pfed antreibt. Sporen gehörten zur Ausrüstung des Ritters.

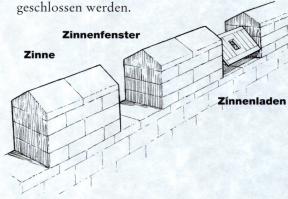

Sporen

Stechpuppe
Ein Zielfosten, an dem Ritter ihre Treffsicherheit trainierten. Trafen sie den Schild, schwang ein Sack herum, dem sie ausweichen mußten.

Steigbügel Fußstütze für den Reiter, die seitlich vom Sattel herabhing.

Steinmetz Handwerker, der Steine für den Bau behaut und bearbeitet. Jeder Steinmetz hatte im Mittelalter ein Zeichen, mit der er seine Steine kennzeichnete. Man kann dieses Prägezeichen noch heute in vielen Burgmauern erkennen.

Schieß-nische

Streit-kolben
An der Spitze mit Eisen beschlagene Keule als Kampfwaffe.

Tjost Einzelkampf zweier Reiter.

Torhaus Gesamtheit von Toren und Türmen, die den Eingang zur Burg schützte.

Tribock Eine Belagerungsmaschine, mit der Steine gegen die Burgmauern geschleudert wurden. Manchmal landeten auch tote Tiere im Burginnern, die Gestank und Krankheiten verbreiten sollten.

Turnier Ritterliche Kampfspiele, die manchmal wochenlang dauerten.

Verlies Unterirdisches, nur von oben her zugängliches Gefängnis im untersten Geschoß des Bergfrieds.

Wehrgang
Die durch eine Brustwehr geschützte Mauerkrone.

Zinne Der erhöhte Teil einer Mauerkrone zwischen zwei Zinnenfenstern. Zur Deckung und Tarnung der Schützen konnten die Zinnenfenster mit Holzklappen, den Zinnenläden, geschlossen werden.

Zinnenfenster

Zinne

Zinnenladen

Zugbrücke Eine Brücke, die hochgezogen werden kann, um den Zugang zur Burg zu unterbrechen.

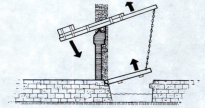

Index

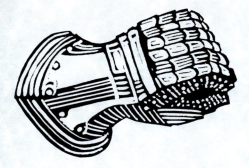

Bildnachweis

Der Verlag dankt folgenden Illustratoren
für ihre Mitarbeit an diesem Buch:

Julian Baker 9 r, 17 ol, 19 r, 21, m, 24, 25 ul, 27 m, 32 ul, 34 or/m,
47 u, 50 ul/or, 51 o, 58–59;

Peter Dennis (Linda Rogers Associates) 4–5, 6–7 u, 15, 20 u,
21 or, 22 ml, 23 o, 34–37, 44 r, 48 l/m, 50–51 u, 52–55, 56–57 m;

Terry Gabbey (Associates Freelance Artists Ltd) 10–11, 18–19;

Jeremy Gower 60–61;

Nicholas Hewetson 23 ul;

Stephen Holmes 41 ol;

Adam Hook (Linden Artists) 42 u, 44 ml, 56 ml;

Christa Hook (Linden Artists) 6–70, 22, 25 or, 42 o, 43 ur;

Tudor Humphries 39 r, 45 or, 47 or;

John James (Temple Rogers Artists' Agents) 12–13, 26–31, 38;

Eddy Krähenbühl 8–9, 16–17, 46 u;

Nicki Palin 32–33 lm, 39 ol, 40 r, 41 r;

Shirley Tourret (B. L. Kearley Ltd) 9 o, 10 l, 11 r, 14 m/u,
17 or/ur, 20 or, 21 ur, 25 ol, 27 ul, 30, 33 ul/or/m, 34 ul, 35 or, 36 o,
37 ur, 39 or, 40 l, 41 or, 43 or, 45 u, 48 or, 49 or, 50 ml, 54 l, 56 l, 57 r.

Holzschnitte von **Anthony Colbert** (B. L. Kearly Ltd).

Rand von **Kevin Kimber** (B. L. Kearly Ltd).

Der Verlag dankt auch für die Bereitstellung
von Fotos für dieses Buch:

Seite 1 Bridgeman Art Library/Giroudon;
Seite 5 Mary Evans Picture Library;
Seite 6 Public Records Office;
Seite 13 Society of Antiquaries of London;
Seite 14 British Library *Royal MS 16 F11, Band 73;*
Seite 21 Bibliothèque Royale Albert 1ᵉʳ MS 9245 Band 254 r;
Seite 27 Bridgeman Art Library/British Library
Add. 19720 Band 214;
Seite 36 Bridgeman Art Library/Giraudon;
Seite 53 British Library *Royal MS 14E IV Band 57;*
Seite 57 British Library *Royal MS 20C VII Band 41h;*
Seite 59 Royal Geographical Society.